A MENINA QUE NUNCA ERRAVA

por MARK PETT e GARY RUBINSTEIN
ilustrado por MARK PETT

traduzido por CRISTINA ANTUNES

2º edição
1ª reimpressão

Título original
The Girl Who Never Made Mistakes

Edição Geral
Sonia Junqueira

Revisão
Cecília Martins

Diagramação
Tamara Lacerda

Dados Internacionais de Catalogação na Publicação (CIP)
(Câmara Brasileira do Livro, SP, Brasil)

Pett, Mark
A menina que nunca errava / Mark Pett e Gary Rubinstein ; ilustração Mark Pett ; tradução Cristina Antunes. -- 2. ed.; 1. reimp. -- Belo Horizonte : Yellowfante, 2022.

Título original: The Girl Who Never Made Mistakes.
ISBN 978-65-84689-18-3

1. Literatura infantojuvenil I. Rubinstein, Gary. II. Pett, Mark. III. Título.

22-105895 CDD-028.5

Índices para catálogo sistemático:
1. Literatura infantil 028.5
2. Literatura infantojuvenil 028.5

Eliete Marques da Silva - Bibliotecária - CRB-8/9380

A **YELLOWFANTE** É UMA EDITORA DO **GRUPO AUTÊNTICA** 

Belo Horizonte
Rua Carlos Turner, 420
Silveira . 31140-520
Belo Horizonte . MG
Tel.: (55 31) 3465 4500

São Paulo
Av. Paulista, 2.073, Conjunto Nacional .
Horsa I . Salas 404-406 . Bela Vista
01311-940 . São Paulo . SP
Tel.: (55 11) 3034 4468

www.editorayellowfante.com.br
SAC: atendimentoleitor@grupoautentica.com.br

Para Millie e Sarah.

Para Beatriz B.,
a sexta-feira começou como
qualquer outro dia.

Pegou dois pés de meia
que combinavam. E, é claro,
calçou cada sapato no pé certo.

Lembrou-se de alimentar
seu hamster, Humberto,
com a comida
preferida dele: brócolis.

E quando preparou um
sanduíche para o lanche
de Carlinhos, seu irmão,
usou exatamente a mesma
quantidade de manteiga de
amendoim e de geleia.

Quando saiu para cumprimentar seus fãs, não se esqueceu de dizer “bom dia” e “obrigada”.

Perguntaram se tinha arrumado a cama.
Tinha, sim.

Perguntaram se havia
se esquecido de fazer a lição
de casa de Matemática.
– Não!

Perguntaram sobre o concurso de talentos
na escola, naquela noite.

– Estou pronta – disse Beatriz sorrindo.
Afinal, sua apresentação de malabarismo tinha
ganhado o concurso por três anos seguidos.

A maioria das pessoas da cidade nem mesmo sabia o nome de Beatriz.

chamavam-na, simplesmente, de “A menina que nunca erra”, porque, pelo que todos se lembravam, ela sempre fazia tudo certinho.

Ao contrário de Beatriz, Carlinhos só aprontava!

Mastigava os gizes de cera e
desenhava com as vagens.

Dançava com as mãos e
tocava piano com os pés.

Carlinhos adorava cometer absurdos!

Enquanto isso, na escola, Beatriz participava de uma equipe de culinária com suas duas melhores amigas, Emília e Sara. Para preparar bolinhos gigantes de verdura, precisavam de quatro ovos.

Beatriz foi até a geladeira e, cuidadosamente, escolheu os ovos maiores e mais ovudos que pôde encontrar.

Mas, no caminho de volta,
ela escorregou.

Os ovos voaram!

Ela estava a ponto de cometer seu primeiro vacilo...

Mas não cometeu!

“Essa foi por pouco!”, pensou Beatriz.

Durante o resto do dia, Beatriz não conseguia parar de pensar em seu quase vacilo.

Naquela tarde, voltando para casa, Beatriz viu Emília e Sara patinando no gelo.

– Vem patinar com a gente! – disse Emília.
– É divertido! – disse Sara.

Beatriz viu as amigas deslizarem, escorregando sobre o lago congelado.
Emília e Sara davam risadas enquanto tentavam se equilibrar sobre as finas lâminas dos patins.

– Não, obrigada – disse Beatriz.

No jantar, Beatriz mal tocou na comida.

– Está tudo bem, querida? – perguntou seu pai.

– Estou com medo de fazer besteira no concurso de talentos hoje à noite – disse Beatriz. – E todo mundo vai estar assistindo.

– Por que ter medo? Você sempre faz tudo certo! – disse o pai com um sorriso.

Beatriz tentou sorrir também.

Depois do jantar, Beatriz se preparou para o concurso de talentos.

Primeiro, tirou Humberto da gaiola.

Depois, pegou o saleiro na mesa da cozinha.

Finalmente, encheu uma bexiga com água.

O auditório da escola estava lotado!
Beatriz sentiu o estômago revirar.

Enquanto esperava pela música para começar seu show de malabarismo, Beatriz ouviu:

– É ela! É a menina que nunca erra! – disse uma mulher.

– Ah! Mais uma vez, ela vai ser perfeita, vocês vão ver! – disse um homem.

Quando a música começou,
ela jogou Humberto para o alto.

Depois, o saleiro.

Finalmente, a bexiga com água.

Beatriz não errou nada, nadinha!
O público aplaudiu com alegria.

Nesse momento, Beatriz notou algo estranho no saleiro...

Os grãozinhos que saíam dele não eram brancos!

AAAAAT

CHIM!!!!

Humberto tomou um susto tão grande com o próprio espirro que agarrou a bexiga com as unhas.
BUUUUM!

Humberto, pedaços da bexiga, água e grãos de pimenta choveram na cabeça de Beatriz.

Pela primeira vez, pelo que todos se lembravam, Beatriz tinha errado.

E que erro!

A música parou.

Beatriz não sabia o
que fazer.

Chorar?

Fugir do palco?

As pessoas estavam chocadas.

Não podiam acreditar que a menina que nunca errava tinha vacilado daquele jeito.

Beatriz olhou para Humberto.

Humberto olhou para ela.

Seu pelo de hamster estava ensopado
e coberto com pedacinhos de bexiga.

Beatriz achou engraçado e deu
um sorrisinho.
O sorrisinho virou uma risada.
E a risada se transformou em
gargalhada.

As pessoas na plateia olharam umas para as outras e depois para Beatriz.

Começaram a sorrir. Depois a rir. Então, finalmente, explodiram em gargalhadas.

Beatriz e a plateia gargalharam até não se lembrarem mais do motivo da gargalhada.

Naquela noite, Beatriz
dormiu mais e melhor
do que nunca!

De manhã, nenhum fã foi
cumprimentar Beatriz.

Quando se vestiu, sem
nenhum motivo aparente,
Beatriz colocou uma meia
de bolinhas num pé e uma
xadrez no outro.

Beatriz e Carlinhos foram preparar seus sanduíches. Dessa vez, colocaram a manteiga de amendoim e a geleia do lado de fora. Chamaram o sanduíche de “Sanduba do avesso”.

E fizeram um lanche bagunçado e delicioso.

Mais tarde, Beatriz encontrou Emília e Sara patinando no parque.

Ela e as amigas caíram muitas vezes.
E riram, riram muito.

Agora, as pessoas não chamam mais Beatriz de
“a menina que nunca erra”.

Ela é, simplesmente, Beatriz.